AF312995

ASSEMBLÉE NATIONALE
SESSION 1871.

Annexe au procès-verbal de la séance du 27 juin 1871.

RAPPORT

FAIT

AU NOM DE LA 4ᵉ Commission ayant pour objet *d'éclairer l'Assemblée nationale sur l'état général des Travaux publics* (Sous-Commission des Travaux d'améliorations agricoles et du service hydraulique).

PAR M. Eugène TALLON
Membre de l'Assemblée nationale.

Sommaire : Révision des lois du 25 juillet 1860 et 8 juin 1864. — Modification au budget rectificatif de 1871. — Translation de la Direction générale des Forêts du Ministère des Finances au Ministère de l'Agriculture et du Commerce.

(Renvoi à la Commission d'organisation des Services publics et à la Commission du Budget.)

I

OBJET DU RAPPORT

Messieurs,

La Commission des travaux publics eût hésité à s'occuper d'études dont au premier aspect l'opportunité pourrait paraître contestable, si elle ne se fût bien pénétrée de ce sentiment,

* Cette Commission est composée de MM. le comte Jaubert, *président*. Legrand et Tallon, *secrétaires*. Bastid, Seignobos, de Champvallier. Caillaux. Combier, Floquet, baron Chaurand. de Colombet, Staplande, Arbel, Destremx, Tolain, de Sallandy. Martenol, Palotte. Daussel, Varroy, de Bourges. Jourdan. Ael que, Duréault Galicher, Thurel. Des Rotours. Duportail. Jordan. Hamille (Victor), Noblot. Gaulthier de Vaucenay, de Grasset, Itey de Loulay. Ricot, Max-Richard, de La Fayette, Rameau, de Saint-Germain. Vitalis, Godin-Lemaire, Scryb, Pajot. Théry, marquis de Sers.
(Voir les nᵒˢ 8-57-254).

qu'il est d'une sage prévoyance, pour réparer nos ruines et aider le pays à supporter les charges qui l'accablent, de développer activement tous ses moyens de production, de multiplier ses ressources, de féconder en un mot, pour un avenir meilleur, les divers éléments de la fortune publique.

L'œuvre de réparation sera d'autant plus grande que l'a été l'étendue même-de nos désastres ; nous ne devons négliger pour son accomplissement aucun des pacifiques travaux où nos efforts, secondés par les forces même de la nature, pourront aider à relever de sa chute la prospérité nationale.

Or, au nombre de ces ressources, en partie encore inexploitées, se placent au premier rang les terrains incultes de la France.

Sur 52,000,000 d'hectares que comprend la superficie de notre territoire, 11,000,000 sont occupés par des landes, des dunes, des marais, des bruyères, des pentes dénudées, etc.

Il y a là, on le voit, de vastes horizons ouverts à l'industrie et à l'activité humaine, et il semble qu'en face de cette grande œuvre de régénération on éprouve un plus douloureux serrement de cœur au spectacle des luttes stériles de l'homme contre ses semblables où s'épuisent des forces dont un meilleur emploi lui apporterait tant de richesses.

La direction des immenses travaux que comporte la mise en valeur des parties incultes de notre sol a été confiée, en dehors des entreprises particulières, à deux branches principales de services publics.

L'administration des forêts s'occupe des travaux de reboisement, de gazonnement des montagnes et de fixation des dunes sur le littoral atlantique.

Les travaux de dessèchement et autres seront confiés aux agents du service hydraulique.

Ce service spécial a été organisé en 1848 par M. Vivien, alors ministre des travaux publics, dans le but de favoriser toutes les entreprises d'améliorations agricoles et industrielles, relatives principalement au desséchement des marais, aux assainissements et aux irrigations.

Ce service est actuellement organisé dans 21 départements, sous la direction d'ingénieurs des ponts-et-chaussées.

D'importants travaux ont été exécutés sous leur direction, notamment dans l'Ain (Dombes), le Cher, le Loiret, le Loir-et-Cher (Sologne), la Dordogne (Double), l'Indre (Brenne), les Landes, la Loire, le Lot-et-Garonne.

La sous-commission des améliorations agricoles (1) n'avait pas à étudier dans tous leurs détails les travaux du service hydraulique ; la plupart d'entre eux, tels que ceux d'assainissement ou de drainage, relèvent surtout de l'initiative individuelle, et l'administration n'est appelée dans leur exécution qu'à la demande des intéressés à fournir le concours de ses études, de son action et de ses ressources.

Il faut d'ailleurs patiemment attendre du temps l'accomplissement des travaux si considérables que comprend l'ensemble de ces améliorations. Toutefois, des réformes importantes pourraient être apportées dans les lois qui réglementent le régime des eaux. Elles ont été signalées dès 1857, dans des écrits spéciaux (2), par notre honorable président, M. le comte Jaubert, et nous en retrouvons la revendication dans les vœux de l'enquête de 1866 (3); il sera bon, le moment venu, de ne les pas laisser tomber dans l'oubli ; mais elles ne nous ont pas paru présenter le caractère d'urgence qui est la raison dominante des travaux de notre Commission. Nous avons donc reporté nos études sur les services de l'administration forestière où les appelait, à raison de son organisation et de l'état actuel de la législation un intérêt plus pressant. Trois questions également importantes se présentent en cette matière à notre examen :

En voici l'indication :

1° La loi du 28-juillet 1860, sur le reboisement des montagnes, promulguée pour dix ans a cessé ses effets. Est-il utile d'en renouveler les dispositions et quelles modifications, en cas d'affirmative, doivent-elles subir ?

---

(1) La Sous-Commission était composée de MM. comte Jaubert, président; Tallon, secrétaire et rapporteur; Oscar de La Fayette, Gallicher, Destremx, Staplande, baron Chaurand, de Grasset, Vitalis.

(2) Etudes sur les cours d'eau.

(3) Rapport de M. Monny de Mornay sur l'enquête agricole.

2° Le budget rectificatif de 1871, qui nous est soumis, réduit de 3,000,000 à 1,300,000 francs les crédits affectés à cette branche de travaux.

Cette réduction est-elle opportune et doit-elle être consentie par l'Assemblée?

3° Ne serait-il pas utile de transférer la direction générale des forêts du ministère des finances au ministère de l'agriculture et du commerce.

Telles sont les questions qui font l'objet de ce rapport et que nous soumettons avec toute la réserve d'une autorité, sans doute insuffisante, à la bienveillante attention de nos collègues.

II

Effets du déboisement sur les inondations.

Depuis longtemps l'expérience a constaté les effets du déboisement des montagnes sur la formation des torrents et l'aggravation des désastres causés par les inondations qui en est la conséquence immédiate et fatale ; cette cause jointe à diverses autres, agissant à un moindre degré telles que les assainissements des plaines et le desséchement des marais, a eu pour résultat, comme l'a judicieusement fait ressortir l'un de nos collègues de la sous-commission (1), de modifier profondément depuis un demi siècle le régime des rivières de la France, « cette modification est » surtout sensible pour celles qui ont leur source dans le massif » central des Cévennes ou leurs ramifications ; et la période que » nous signalons est caractérisée par les inondations désastreuses » de la Loire d'octobre 1846, de mai et juin 1856 et de » septembre 1866. »

Ainsi l'intensité et l'étendue des ravages causés par le débordement des fleuves se sont accrues proportionnellement aux progrès du déboisement que l'imprévoyance des populations a durant de longues années poursuivi avec la plus funeste opiniâtreté.

---

(1) M. Gallicher, rapport sur l'utilité des réservoirs pour la création de forces motrices.

Le défrichement des forêts a dans les premiers âges été l'œuvre de la civilisation ; il en a d'abord suivi les progrès jusqu'à ce que son extension persistante, irréfléchie et prolongée pendant des siècles, ne soit devenue un véritable péril.

Les ordonnances royales crurent alors favoriser la conservation des forêts en menaçant leurs destructeurs, pour les moindres contraventions, des peines les plus sévères ; un résultat tout opposé se produisit. Les propriétaires de bois pour se soustraire à ces entraves et à ces menaces ne trouvèrent pas de plus ingénieuses ressources que de travailler sans relâche à l'anéantissement de leur propre chose. Pour cela tous les moyens leur furent bons. D'une part la négligence à replanter, l'abandon de toute surveillance, le pacage continu des troupeaux et l'exercice abusif des divers usages devinrent autant d'agents permanents de destruction ; d'un autre côté les époques fréquentes de guerre ou de troubles intérieurs, qui ont agité notre pays, virent tomber, par représailles des sévérités pénales, les plus belles forêts sous la cognée. C'est donc avec raison que l'on a dénoncé (1) notre ancien système forestier comme ayant eu pour effet « d'empêcher les plantations partout où manquait le bois et de faire détruire les beaux arbres partout où il en existait. »

Les lois de 1791 en rendant aux habitants des communes les terrains boisés, que leur avait enlevé dans le passé la puissance féodale, hâtèrent encore la dévastation des domaines forestiers. Partout on divisa et on défricha les bois. De nombreuses usines se créèrent dans le voisinage des plus grandes forêts à raison des avantages qu'elles leur offraient pour la consommation du combustible. Le bois diminuant de plus en plus, la rareté en éleva le prix ; il devint un objet considérable de commerce ; la destruction des forêts marcha alors avec une rapidité fatale en entrant dans les voies de la spéculation. A côté de cela le morcellement de la propriété, né d'un état social nouveau, livra à l'agriculture tous les terrains déboisés ; les défrichements suivis de l'usage réitéré des labours, ouvrirent sans merci aux érosions pluviales

---

(1) Dunoyer, liberté du travail.

dans les pentes les plus abruptes, un sol qu'avait jusque là retenu et raffermi la végétation arborescente. Telles sont les principales causes de la dénudation des montagnes.

Depuis un certain temps cependant, on s'est pris de regrets en face de ces dévastations, on en a compris les fâcheuses conséquences et l'on s'est occupé de refaire par la science l'œuvre primitive de la nature. L'expérience a d'ailleurs constaté l'efficacité du reboisement pour maintenir les terres sur le penchant des montagnes et défendre le sol contre les avinements produits par les pluies d'orage.

« Une forêt, dit M. Surrel dans ses remarquables études sur les
» torrents des Alpes, en s'établissant sur une montagne, modifie
» réellement la surface du terrain qui seule est en contact avec
» les puissances atmosphériques : toutes les conditions se trouvent
» alors transformées, comme elles le seraient, si au terrain
» primitif, on avait substitué un terrain totalement différent. Dès
» lors, il n'est pas plus étonnant de voir le même sol tout à coup
» infesté ou libre de torrents, selon qu'il est dépouillé ou revêtu
» de forêts, qu'il n'est étonnant de voir les torrents cesser dans
» les terrains primitifs et ressurgir brusquement dans les calcai-
» res friables....... Il a suffi d'éclaircir les forêts pour voir repa-
» raître tout à coup les ravages. On voit par là que l'action des
» forêts ne se borne pas seulement à empêcher les torrents nou-
» veaux, mais qu'elle est assez énergique pour arrêter les torrents
» déjà formés....... Combien toutes les digues paraissent débiles
» à côté de ces grands et puissants moyens dont dispose la nature,
» lorsque l'homme cesse de la contrarier et qu'elle poursuit pa-
» tiemment son œuvre à travers le long espace des siècles. »

On attribue encore à l'influence du boisement le pouvoir d'atténuer la violence des orages, de rendre plus uniformes la chute des eaux pluviales et la fonte des neiges, enfin de paralyser ces funestes alternatives de trombes subites et de sécheresses prolongées qui sont la désolation des campagnes.

Ces avantages généralement reconnus, ont fait considérer le reboisement comme un progrès agricole au point de vue de l'intérêt privé et à un autre point de vue comme une nécessité d'intérêt général.

On a demandé dès lors à l'État d'intervenir pour favoriser l'exécution de ces utiles travaux; ces demandes se sont, à diverses reprises, reproduites dans nos Assemblées législatives; et ce n'est cependant qu'en 1860 qu'ont été édictées en cette matière les premières dispositions légales. Toutefois, avant cette époque, des travaux considérables ont été exécutés dans plusieurs départements, par des entreprises privées et grâce à l'initiative des Sociétés d'agriculture. Les Conseils généraux ont, de leur côté, affecté à ces améliorations des subventions importantes qui en ont efficacement favorisé le dévelo, pement.

Les avantages du reboisement étant ainsi constatés, il nous reste à examiner dans son esprit et dans ses effets, la loi spéciale qui en réglemente les conditions.

III

Loi du 28 juillet 1860. Travaux de l'administration forestière.

La loi du 28 juillet 1860 fut décrétée dans la pensée de hâter dans son accomplissement l'œuvre de la restauration des montagnes pour laquelle avaient semblé jusque-là insuffisants les efforts individuels.

Les premiers articles de cette loi sont relatifs au reboisement facultatif; ils portent sur des mesures tendant à favoriser par des subventions l'action directe des propriétaires; la seconde partie qui est une innovation grave dans notre législation, édicte le reboisement obligatoire.

Un décret, aux termes de l'article 5 de la loi, déclarera d'utilité publique les travaux à exécuter et fixera le périmètre des terrains sujets à l'obligation du reboisement.

En cas de refus du propriétaire de se soumettre à ces prescriptions, l'article VII confère à l'Administration un droit de coercition et l'autorise à poursuivre l'expropriation des terrains, conformément aux dispositions de la loi du 3 mai 1841.

La loi du 28 juillet 1860 devait produire ses effets pendant une période de dix années, renouvelable à son expiration.

Un crédit de 10 millions fut affecté à son exécution.

L'Administration forestière, sous l'impulsion de M. Vicaire, alors directeur général des forêts, qui, on peut le dire, a attaché son nom à la grande entreprise du reboisement, se mit résolument à l'œuvre; les études de périmètres furent poussées avec activité, on créa des pépinières, on sema et on planta avec ardeur, et en maints endroits la stérilité fit place à la végétation sur les sommets des montagnes.

Après dix années écoulées, on peut envisager aujourd'hui les résultats obtenus.

Or, le compte-rendu des travaux de 1867 et 1868, présenté par M. le directeur général Faré, qui a brillamment poursuivi l'œuvre commencée par son prédécesseur, établit que le bilan de la première période décennale qui vient d'expirer, fournit une étendue totale de reboisement de 95,000 hectares. Sur ce chiffre d'ensemble la part afférente aux entreprises exécutées par la voie facultative, s'éleverait à 70,000 hectares, et 25,000 auraient été repeuplés par la voie obligatoire.

Nous reproduisons ici le tableau comparatif de divers travaux achevés en 1868, relevés dans le compte-rendu de l'administration forestière. Ces travaux ont été principalement exécutés dans les départements des Hautes et Basses-Alpes, Pyrénées, Drôme, Puy-de-Dôme, Loire, Hérault :

ANNÉES.	REBOISEMENTS FACULTATIFS.				REBOISEMENTS ET GAZONNEMENTS OBLIGATOIRES.			CONTENANCE totale des terrains reboisés et regazonnés
	TERRAINS domaniaux — CONTENANCE.	TERRAINS communaux et d'établissements publics. — CONTENANCE.	TERRAINS particuliers — CONTENANCE.	CONTENANCE totale	REBOISEMENTS — CONTENANCE.	GAZONNEMENTS — CONTENANCE.	CONTENANCE totale.	
	h. a.	h. a.	h. a,	h. a.	h. a.	h. a.	h. a.	h. a.
1861................	1.401.95	2.653.70	583.92	4.637.59	»	»	»	4.639.57
1862................	1.865.03	5.774.58	1.714.15	9.359.76	2.061.87	»	2.061.87	11.416.63
1863................	1.750.88	7.073.24	2.157.05	10.981.17	1.853.56	»	1.853.57	12.834.74
1864................	1.834.70	6.164.32	1.601.01	9.600.03	2.592.28	»	2.592.29	12.192.32
1865................	1.170.26	5.498.01	1.392.50	7.760.77	3.107.96	1.050.67	4.158.55	11.919.32
1866................	986.09	2.909.42	4.739.75	5.635.26	2.811.10	1.244.47	3.955.59	9.590.85
1867................	611.25	2.783.68	2.909.42	5.402.25	3.263.94	335.48	3.599.42	9.001.67
1868................	216.50	2.663.20	2.129.63	5.009.33	2.886.97	212.50	3.099.49	8.108.80
Totaux........	9.837.66	35.220.76	13.325.33	58.383.14	18.577.70	2.743.06	21.320.76	79.703.90

Nota : On doit ajouter aux chiffres indiqués dans ce tableau les travaux exécutés en 1869 en 1870 s'étendant sur une contenance approximative de 16,000 hectares.

Les travaux de l'Administration ont, on le voit, produit des résultats considérables, et l'expérience a démontré qu'en plus d'un endroit, à la suite de leur exécution, la précipitation du cours des torrents avait été singulièrement modifiée. C'est là la meilleure preuve des services rendus par le reboisement : ces travaux ont d'ailleurs marché de front avec ceux d'endiguement et de barrage exécutés par des ingénieurs distingués.

Les travaux de reboisement ont pris surtout de l'importance dans le périmètre des Alpes et du plateau central. Or, c'est là que nos deux plus grands fleuves, et les plus sujets à causer des dévastations, le Rhône dans l'un et la Loire dans l'autre, commencent leur cours; c'est de là aussi qu'ils reçoivent leurs principaux affluents.

L'œuvre qui fait sentir déjà ses effets est loin cependant d'être achevée ; dans le Puy-de-Dôme, les reboisements se sont étendus sur une superficie de 10,041 hectares jusqu'au 31 décembre 1869, mais il y reste plus de 50,000 hectares de pentes dénudées.

Dans la Haute-Loire, d'après les documents soumis par notre honorable collègue, M. de Lafayette, l'étendue des reboisements a été, depuis 1862 jusqu'à ce moment, de 3,332 hectares, mais il reste 24,400 hectares de terrains dans les plus fâcheuses conditions de dégradation sur les pentes qui dominent les cours naissants de la Loire et de l'Allier.

Dans les Alpes où se produisent les plus dangereux débordements torrentiels, le périmètre fixé par les décrets déclaratifs d'utilité publique s'étend à 60,000 hectares ; les cinq sixièmes ne sont pas encore reboisés; les mêmes proportions se retrouvent dans les autres régions.

Ainsi, l'entreprise immense de l'amélioration des terrains montagneux est loin encore de toucher à son terme; il faut donc envisager les moyens de hâter son développement dans l'avenir. Pour cela, il est nécessaire de se demander si la loi du 28 juillet 1860 a produit tous les effets que l'on en avait attendu, et rechercher les réformes qu'il serait utile d'y apporter.

IV

Griefs et plaintes des propriétaires

On est obligé de constater que la loi sur le reboisement des montagnes a violemment froissé le sentiment des populations. Elles y ont vu une atteinte au droit de propriété, une dépossession d'usages séculaires, une aggravation de leur misère. Leur irritation s'est bientôt traduite par des résistances, des dévastations dans les semis et dans les plantations, des rixes avec les agents de l'administration, des séditions même. Les plaintes ont été générales, et nous pouvons encore en entendre les échos au sein de l'Assemblée dans des pétitions émanant des habitants des montagnes de l'Hérault et de la Drôme.

Ces plaintes, il faut bien les reconnaître, ont été légitimes dans plus d'un cas, elles ont eu pour principales causes certaines rigueurs de la loi, notamment :

1° La dépossession trop étendue et immédiate du pâturage ;

2° Le mode de fixation des périmètres obligatoires ;

3° L'expropriation ;

4° L'allocation insuffisante et la répartition vicieuse des indemnités.

Le pâturage dans les terrains vagues et les communaux est, il faut le reconnaître, l'une des ressources les plus précieuses de la population dans les montagnes, où l'élevage du bétail est le plus souvent le seul produit rénumérateur.

Elle offre, au point de vue économique, cet avantage de fournir par la vente des troupeaux un aliment considérable à la consommation ; elle est enfin l'un des modes les plus anciens et les plus simples de l'assistance publique pour les pauvres gens qui y trouvent le moyen de nourrir la seule vache ou la seule chèvre qu'ils possèdent.

C'est donc là un intérêt des plus respectables ; il fallait n'y toucher qu'avec ménagement.

D'ailleurs, si la classe éclairée des propriétaires comprend aisément les avantages de la capitalisation, résultant du boisement qui décuple au bout de vingt ans la valeur du sol, il n'en est pas de même du cultivateur qui ne se dessaisit que difficilement d'un produit annuel, si minime qu'il soit, pour attendre, dans un temps lointain et incertain peut-être, les bénéfices d'une amélioration agricole ; le moyen de satisfaire à ces besoins et à ces intérêts était de donner, toutes les fois que cela était possible, la préférence au gazonnement qui offre les mêmes avantages pour l'affermissement du sol, sur le boisement ; or, la loi de 1860 présentait une lacune regrettable à cet égard : l'Administration elle-même comprit bien vite la faute qui avait été commise, et, dès 1863, le rapport de M. Vicaire reconnaissait que la loi de 1860 n'offrait pas les moyens de satisfaire aux réclamations des intéressés. « Il faut, disait-il, donner à l'œuvre de la restauration des montagnes le caractère de popularité nécessaire pour en assumer le succès. » Il concluait à ce que des dispositions nouvelles fussent prises, pour permettre à l'Administration d'exécuter des travaux de gazonnement.

Ainsi fut faite la loi du 8 juin 1864, qui étendit au gazonnement les dispositions de la loi relative au reboisement, en laissant à l'administration l'option de l'un ou l'autre mode de consolidation des pentes selon la nature du sol et l'intérêt des populations.

Mais les tendances de l'Administration forestière, ses études même, n'étaient pas tournées vers cette direction ; aussi le gazonnement a-t-il été très-parcimonieusement pratiqué, la statistique l'atteste. Ainsi, ponr n'en citer qu'un exemple, dans le Puy-de-Dôme, malgré l'aptitude herbagère des montagnes de cette région où la nature en met, comme au Mont-Dore notamment, les preuves les plus évidentes sous les yeux, il n'a été pratiqué de gazonnement que sur 350 hectares contre 9,688 de reboisement ; la même proportion s'est produite dans la Haute-Loire, où l'on ne compte que 150 hectares de gazonnement contre un reboisement de 3,332 hectares. Les plaintes des populations ont donc persisté avec la même âpreté et la même ardeur.

La fixation des périmètres a été une autre source de conflits ; l'arbitraire administratif en a souvent disposé, la direction des agents forestiers a été trop prépondérante à l'encontre des intérêts des cultivateurs, les enquêtes en plus d'un endroit n'ont été ni sincères ni sérieuses. L'élément agricole (c'était une faute de la loi) n'entrait pas suffisamment dans la composition des commissions d'expertise pour la garantie des propriétaires et des usagers.

Quant à l'expropriation, elle a été une mesure aussi irritante qu'inefficace, l'Administration elle-même en a reconnu l'inutilité ; elle n'a même pas voulu en user, à de rares exceptions près, d'abord par un sentiment honorable de respect du droit de propriété, et aussi à raison des charges qu'elle faisait peser sur ses crédits.

Cette mesure est donc restée stérile.

Les indemnités pour la privation du pâturage étaient à coup sûr le moyen le plus équitable et le plus rationnel d'apaiser l'irritation des populations.

Bien distribuées et suffisantes, peut-être eussent-elles atteint ce but, mais au lieu d'être payées directement par l'administration aux propriétaires, elles l'ont été par l'entremise des préfets aux maires, qui le plus souvent, les ont affectées aux travaux de la commune, au lieu de les répartir entre les habitants dépossédés.

D'ailleurs on jugera de l'insuffisance de ces indemnités par un exemple : pour 3,332 hectares de depaissance enlevés aux habitants de la Hauté-Loire, il leur a été payé en dix ans une somme de 12,000 francs ce qui représente par année et par hectare un chiffre vraiment dérisoire.

Ainsi cette dernière mesure, très-louable en elle-même, n'a nullement atteint le but qu'on s'était proposé.

Tel est le tableau encore incomplet et décoloré des critiques amères qui se sont élevées de toutes parts contre le reboisement obligatoire. Elles sont sérieuses et elles nous conduisent par une transition rationnelle à examiner les réformes qu'il serait bon d'apporter à la législation.

V

Réformes.

Notre entière conviction est que l'on doit proscrire de la législation nouvelle le reboisement obligatoire.

Il faut s'arrêter aux premières dispositions de la loi de 1860 en leur donnant plus de développement. Je veux parler des dispositions relatives au boisement facultatif.

En dehors de la question de droit qui est dominante et qui impose le respect de la propriété individuelle, la coercition exercée pour le reboisement obligatoire est condamnée dans ses résultats. Les chiffres ont là leur éloquence : on sait en effet que dans la même période de dix années, le boisement facultatif a fourni une supercifie de 70,000 hectares, tandis que le boisement obligatoire, malgré les sacrifices que l'administration s'est imposée pour l'accomplir et le zèle qu'ont déployé ses agents à tous les degrés, n'a produit qu'un périmètre restreint de 25,000 hectares.

L'Administration elle-même a reconnu dans ses comptes-rendus qu'elle devait renoncer à cette mesure dans les Pyrénées et dans le plateau central où l'essor est activement donné au progrès sylvicole.

Pour les Alpes seulement, on ferait des réserves à raison des dévastations exceptionnelles qui, en s'y reproduisant sans cesse, découragent tous les efforts et créent des charges plus lourdes. Mais là on pourrait prendre des mesures administratives spéciales et ce n'est pas pour une exception qu'il faudrait laisser subsister dans la loi une disposition qui produit un embarras général. On peut être assuré que les vexations d'une mesure obligatoire disparaissant, le boisement, comme tout grand progrès agricole, deviendra sympathique aux populations.

En second lieu, il faut donner une priorité absolue au gazonnement sur le boisement partout où il peut se pratiquer ; nous ne nous dissimulons pas que dans certaines régions, notamment dans l'Ardèche, le gazonnement ne peut réussir à raison de l'état de stérilité et de ravinement trop grand des montagnes ; nous n'en recommandons l'emploi que là où le sol et le climat s'y prêtent, mais avec cette confiance qu'il présente dans ce cas les plus précieux avantages ; semer de plantes fourragères les terrains montagneux, arrêter les dégâts des pluies torrentielles par des barrages étagés qui puissent prendre la forme des haies ou des murs de soutènement déjà pratiqués par les agriculteurs ; ce sont là les moyens les plus efficaces de reconstituer un sol où l'arbre pourra plus tard planter ses racines et trouver des aliments d'existence si l'on veut, sans détruire le pâturage, l'y distribuer en quinconces ou en bordures.

Indépendamment de l'avantage que le procédé du gazonnement offre dans l'intérêt général de la production et de la consommation il présente encore une cause essentielle de préférence, le bon marché dans l'exécution. Ainsi tandis que l'administration forestière a dépensé dans le Puy-de- Dôme en moyenne de 80 à 81 francs par hectare pour le boisement, le gazonnement ne lui a coûté que de 14 à 15 francs. (1)

Ailleurs les différences ont été plus sensibles encore.

Le rapporteur de la loi du 28 juillet 1860, M. Chevandier de Valdrôme exprimait lui-même le regret que cette loi ne s'étendit pas à la régénération des terrains incultes par le pâturage qu'il considérait comme éminemment utile.

Dans l'enquête agricole le rapporteur de la région des Alpes, M. Chassaigne-Goyon s'est également plaint de ce qu'il avait été donné une extension trop grande au boisement comparé au regazonnement. Les réclamations ont donc été générales.

Enfin la raison la plus déterminante se manifeste dans la popularité que rencontre le gazonnement qui satisfait les intéressés, tout en exerçant la même influence pour la distribution régulière des eaux pluviales et la protection contre les inondations. On doit donc donner plus d'extension aux travaux de cette nature.

Les observations que nous exposons ici n'ont pas pour objet, on le comprend, de diminuer l'importance des travaux d'amélioration des montagnes ; nous voudrions au contraire en activer le développement par des moyens d'autant plus sûrs qu'ils cesseront d'être vexatoires.

Aussi pensons-nous que l'on ne doit pas diminuer les crédits, indemnités et subventions affectés à ces travaux ; il faut se montrer généreux pour stimuler le zèle des propriétaires et lui imprimer une féconde impulsion.

La même opinion a été également exprimée dans l'enquête de 1866. (1) On a demandé qu'il fût fait une plus large application du principe d'indemnité envers ceux qui se trouvent privés de leurs pâturages.

Surtout il faut bien s'assurer que c'est le propriétaire qui profite réellement des sacrifices financiers que le Gouvernement s'impose et, pour cela, il est nécessaire qu'à l'avenir les paiements des indemnités ne soient plus faits que sur des états personnels et directement effectués entre les mains des intéressés.

On peut aussi procéder par voie de réductions d'impôt, opérées non plus seulement sur le terrain même assujetti au boisement, mais sur l'ensemble des autres charges du propriétaire.

La pensée du dégrèvement de l'impôt comme encouragement aux améliorations agricoles n'est pas nouvelle dans nos lois : on la retrouve dans l'édit de l'année 1607, rendu par Henri IV, qui déclare dans son article XII « exempts de taille pendant vingt ans » et de la traite foraine (droits sur les produits exportés), à perpé- » tuité ceux qui acquerraient les biens et possessions ès-dits marais » desséchés et réduits en culture et prairie » et dans l'art. XIII « les exempte de toutes charges personnelles, assiette et collecte » de tailles, charges de villes et comtés, guet et garde, tutelle, » curatelle et autres charges semblables. »

Ces encouragements et ces avantages imprimèrent, on le sait, une impulsion très-favorable aux grands travaux agricoles ; sans aller aussi loin dans le dégrèvement, on l'a pratiqué, à l'imitation du célèbre édit, dans les législations subséquentes, et l'on peut en tirer aujourd'hui encore d'utiles effets.

On n'a pas d'ailleurs à appréhender que l'Etat perde à ces dégrèvements ; il en retrouvera une ample compensation dans l'augmentation de la production qui lui fournira en plus grande abondance la matière imposable.

C'est sur ces bases libérales que nous voudrions voir procéder au renouvellement de la loi de 1860.

Les efforts faits par l'administration ont donné l'élan, nous nous

______

(1) Rapport de M. Monny de Mornay sur l'enquête agricole.

plaisons à le constater, mais l'initiative privée, suscitée par de sérieux avantages peut seule achever l'immense entreprise du reboisement. Il ne faut pas oublier qu'avant 1860 des résultats considérables avaient été déjà obtenus par les encouragements des conseils généraux, sans le secours des crédits de l'État. Que sera-ce donc, quand ces crédits largement et exactement répartis auront ajouté un puissant stimulant aux premiers moyens d'action.

VI

Budget rectificatif

Le budget de 1871, comme les budgets précédents, ouvrait à l'administration forestière un crédit de 3,500,000 francs pour les divers travaux :

1° De reboisement des montagnes ;

2° De construction des routes forestières ;

3° De gazonnement.

Le projet de budget rectificatif présenté à l'Assemblée le 15 avril dernier par M. le Ministre des finances réduit ce crédit à 1,350,000 francs.

Les réductions proposées se répartiraient ainsi : le chiffre de 1,000,000 affecté au reboisement serait restreint à 500,000 francs.

Celui de 2,000,000 affecté aux routes serait restreint à 600,000 francs.

Enfin celui de 500,000 francs appliqué au gazonnement serait réduit à 250,000 francs.

Il en résulterait qu'aucun projet de routes forestières, malgré leur grande importance, ne serait achevé ni exécuté en 1871.

Il ne serait également fait aucun travail de reboisement et de gazonnement cette année ; on pourvoirait seulement à l'entretien des routes et au maintien du personnel de surveillance des péri-mètres déjà boisés.

On voit qu'une lacune profonde va ainsi se produire dans ces travaux d'utilité générale et l'avenir en supportera les déficits.

Pénétrés de cette pensée que les grands travaux forestiers rendront à l'Etat dans un temps prochain, bien au delà des dépenses qu'il s'impose pour en activer le développement, nous n'avons pas vu sans une vive appréhension, ces réductions apportées par le budget rectificatif à des allocations nécessaires à la mise en valeur du sol inculte de la France.

Est-ce bien d'ailleurs le moment de se montrer avare des subventions qui contribuent à l'agrandissement de notre domaine forestier, quand il vient d'être d'un autre côté si cruellement diminué par les cessions territoriales que nous avons été obligés de consentir?

Le sol boisé de la France était avant la guerre de 8,860,135 hectares se subdivisant ainsi : 1,226,453 appartenant à l'Etat, 1,874,909 aux communes et 5,758,777 aux particuliers. Aujourd'hui un huitième de cette contenance totale, c'est-à-dire plus d'un million d'hectares nous ont été enlevés par la dépossession de l'Alsace et de la Lorraine où nous avions, on le sait, nos plus belles forêts.

Hors de là, beaucoup de forêts de l'Etat ont éprouvé durant la guerre de graves et nombreuses dévastations.

Confions donc à l'avenir le soin de nous rendre nos pertes moins sensibles en constituant tous les éléments de richesse agricole que nous avons vu s'anéantir; dans trente années les nouvelles forêts que l'on peut créer par le boisement rendront avec usure à des générations plus heureuses les dépenses que nous nous serons imposées pour elles.

Ici se place encore une grave question économique, celle des avantages que trouve l'Etat à donner un grand développement aux travaux producteurs; pour ceux-là une administration prévoyante ne doit pas seulement ne rien épargner, mais s'imposer même des sacrifices. Les routes forestières s'assimilent à ce point de vue aux chemins vicinaux pour lesquels on revendique avec raison le maintien des crédits au budget.

Au surplus, les sources du travail sont assez épuisées; il n'en faut tarir aucune, il ne faut pas surtout les amoindrir dans l'atmosphère saine et purifiante des campagnes où il est bon de ramener volontairement l'ouvrier, loin du centre de corruption et de fièvre sociale des grandes villes.

Or, ces bons résultats ne peuvent être obtenus que par le maintien ou l'extension dans nos provinces de tous grands chantiers qui créent la plus féconde des décentralisations, celle du travail.

Un sentiment de justice réclame d'ailleurs l'allocation de la plus grande partie des anciens crédits pour la garantie du paiement des indemnités dues aux propriétaires expropriés ou aux habitants des communes dépossédés de leur pâturage. Il y a là des engagements contractés, dont on doit assurer la scrupuleuse exécution ; l'équité et le droit l'exigent également.

On pourrait enfin s'étonner que dans l'ensemble des crédits affectés au service général des forêts le seul que l'on ait songé à diminuer soit celui qui est consacré à l'intérêt des populations, à la production et au travail : nous sommes tous partisans de la réduction des dépenses, mais à la condition que celles qui touchent au fonctionarisme soient atteintes avant celles qui sous la forme du travail font refluer l'argent là où l'impôt l'a enlevé. En y regardant de près on pourra facilement discerner les dépenses stériles qu'il est bon de frapper.

VII

Translation de l'administration forestière au Ministère de l'Agriculture et du Commerce.

En étudiant les améliorations agricoles qui se pratiquent par le boisement et le gazonnement sous la direction de l'administration forestière, on est inévitablement amené à se demander s'il ne conviendrait pas que cette administration, à raison de son objet, des intérêts des populations rurales et de ceux de la conservation et du développement de la richesse forestière, fût rattachée au ministère qui représente l'agriculture.

Les divers procédés de la sylviculture, les aménagements, l'amendement des terrains, le drainage sont autant d'améliorations que leur caractère fait rentrer dans le domaine de la science agricole ; il serait donc fort utile qu'elles relevassent d'une autorité compétente en ces matières et mieux disposée à leur accorder crédit et protection.

On comprend sans doute que l'on ait soumis les *forêts* à la suprématie des *finances*, tant que s'est perpétuée cette .erreur économique qui a fait considérer les forêts par nos gouvernements successifs comme une réserve financière dont l'aliénation devait servir dans les temps difficiles, à remplir les caisses du trésor, aussi a-t-on usé jusqu'à l'abus de ces aliénations.

Mais qui songerait aujourd'hui malgré les charges accablantes imposées au pays, à vendre nos forêts pour en alléger le poids ? on sait qu'il y a nécessité, pour des motifs d'intérêt général, de conserver l'intégrité de notre sol boisé et même de l'améliorer et l'agrandir.

Les termes de la question sont donc déplacés et transformés.

On objecte que le département des finances est chargé de la gestion de toute la fortune de l'État, de l'administration des revenus publics provenant de la perception des impôts directs et indirects, de l'exploitation des domaines, des postes et de toutes les régies qui donnent un produit au trésor. C'est à ce titre que les forêts en dépendent : elles représentent par la vente des bois une source importante des revenus de l'État entraînant après elles un maniement de fonds et une comptabilité, elles rentrent par là dans la catégorie financière.

A cela on répond : beaucoup d'autres branches du revenu public sont rattachées à d'autres ministères qu'à celui des finances ; on cite les mines, les chemins de fer, les eaux minérales, etc., etc., qui dépendent soit du ministère du commerce et de l'agriculture, soit de celui des travaux publics. Il ne faut pas d'ailleurs oublier que la partie financière de l'administration des forêts est traitée par l'administration des domaines ; les adjudicataires des coupes de bois ne versent pas le prix de leurs adjudications entre les mains du conservateur des forêts, mais entre celles du receveur des domaines ou des receveurs généraux. La direction générale des forêts serait-elle donc détachée du ministère des finances, rien ne serait changé dans les opérations de sa comptabilité, puisque ce n'est pas par son intermédiaire que le produit des coupes de bois est payé au trésor.

Les partisans de cette réforme font valoir encore la similitude qui existe entre le service hydraulique pour les travaux de desséchements, d'assainissements et autres et les travaux d'améliorations forestières. Or ce service ne dépend pas du ministère des finances.

On fait en outre remarquer que la direction des fermes écoles, que la recherche des meilleurs procédés et l'étude de la législation agricole relèvent du ministère de l'agriculture et du commerce. Il semblerait donc naturel que les écoles, les études et la législation sylvicoles, rentrassent sous cette autorité, la sylviculture n'étant qu'une forme de l'agriculture.

On signale de plus ce qu'il y a d'anormal à voir toutes les questions techniques ou juridiques, d'aménagement, de régime, de gestion d'immeubles, de propriété et de servitude livrées à la décision des bureaux des finances, tandis qu'il existe auprès d'un autre ministère un Conseil général de l'agriculture qui pourrait être composé d'hommes spéciaux en ces matières et dont on ne saurait décliner dès lors la haute compétence.

Le transfert de la Direction des Forêts au Ministère de l'agriculture a été successivement demandé en 1850, par le Conseil général d'agriculture, et depuis par les Conseils généraux d'un certain nombre de départements, les sociétés agricoles, la société forestière, toutes les grandes réunions des hommes les plus éclairés en ces matières.

M. Chevaudier de Valdrôme, revendiquait aussi cette réforme, en 1869, au congrès de Nancy :

« L'attribution des forêts au département des finances est un
» non-sens, disait-il, car le Ministre des finances est collecteur et
» collecteur besogneux à cette heure, mais non producteur de
» richesses. Sa tendance naturelle, fatale, est d'accroître les
» ressources du présent au détriment de l'avenir. Ne l'a-t-on pas
» vu récemment proposer l'aliénation des forêts de l'État pour
» combler un déficit budgétaire? Le jour où il a proposé une telle
» mesure, il a déclaré l'incompatibilité radicale qui existe entre

» le rôle de conservation au profit des générations à venir, que
» doit jouer l'administration forestière, et le rôle purement fiscal
» de l'administration financière. N'a-t-on pas vu l'État, qui admi-
» nistre les forêts des communes et des établissements hospitaliers,
» échanger ces biens, dont la valeur s'accroît tous les jours con-
» tre de la rente sur l'État! Est-ce là un conseil inspiré par l'es-
» prit qui doit animer l'administration d'un bien comme les
» forêts ? »

Les représentants de l'administration forestière eux-mêmes ont fait entendre des vœux, toujours étouffés par l'esprit administratif et l'autorité hiérarchique, dans le sens de notre proposition.

Ils ont fait inutilement valoir qu'au double point de vue de la culture et de l'exploitation des bois, l'administration forestière n'a aucun rapport avec les finances et que son plus grand intérêt est de se séparer d'elles.

Après tant de vœux inutilement exprimés, la Commission des travaux publics réclame à son tour cette réforme en en signalant les incontestables avantages :

La conservation du sol forestier de la France y serait, selon sa conviction, grandement intéressée; au Ministère des finances, on est fort habitué à considérer les forêts comme un capital dispo-nible. Les futaies surtout présentent de dangereuses tentations d'aliénations, car elles offrent souvent une valeur en bois, de 3,500 francs et plus, par hectare, sur un fond dont la même con-tenance ne vaut pas plus de 300 fr. Or, la conservation des futaies est une nécessité d'intérêt général, le commerce, l'industrie, la na-vigation, y trouvent un élément nécessaire de leur existence ; l'État seul cependant peut en prendre la charge puisque les particuliers y trouvant à peine un revenu de 1 °/°, les abattent et les vendent. Qu'adviendrait-il donc, si une administration peu prévoyante, trop facile à des aliénations inconsidérées compromettait cette impor-tante ressource de la fortune publique ? Or oserait-on nous affirmer qu'en ce moment même les réserves des hauts bois ne sont pas menacées et que l'on ne cèdera pas au funeste entraînement de créer par là dans le présent une augmentation considérable de revenu au plus grand préjudice de l'avenir ?

La direction des services forestiers gagnerait beaucoup aussi à être distribuée sur le territoire de la France suivant de grandes zônes tracées par la nature elle-même, tandis qu'elle est actuellement obligée de se renfermer dans les cadres de l'Administration financière faits pour une autre destination et dont les limites restreintes paralysent ses mouvements.

Les améliorations qui s'exécutent par les travaux de boisement et de gazonnement trouveraient aussi, on peut le dire, des encouragements et une faveur plus efficace auprès d'hommes qui ne voient pas avec indifférence tout ce qui se rattache à la production du sol, jaloux au contraire de sa possession et bien pénétrés de l'utilité des bois dans l'économie agricole.

Les crédits consacrés à ces grandes mesures d'utilité publique seraient alors moins parcimonieusement répartis et moins sujets à des demandes de réduction.

Les agriculteurs eux-mêmes seraient d'autant plus disposés à entrer dans la voie des améliorations sylvicoles que les conseils et les encouragements émaneraient de ceux qu'ils considèrent comme leurs patrons naturels et dont ils acceptent l'autorité, tandis qu'ils se tiennent en méfiance contre les représentants de la fiscalité. Les travaux même des agents de l'administration forestière en subiraient une heureuse influence en se tournant vers l'étude, parfois trop négligée. des intérêts agricoles.

Voilà en abrégé les motifs que l'on a fait valoir dans le sein de la Sous-Commission à l'appui de la réforme d'organisation ministérielle que nous signalons ; ils ont, à n'en pas douter, un caractère assez sérieux pour solliciter l'examen et provoquer une solution favorable.

VIII

CONCLUSIONS

Ire PROPOSITION

Révision de la loi du 28 juillet 1860.

La Commission, déterminée par les considérations qui précèdent, émet l'avis d'apporter à la loi du 28 juillet 1860, tout en acceptant son renouvellement, les modifications suivantes :

1° Supprimer le reboisement obligatoire sur les terrains communaux ou appartenant aux particuliers.

Ne l'admettre qu'à titre exceptionnel dans les terrains communaux, en vertu d'une décision du Conseil général rendue après enquête et sur l'avis des Conseils municipaux des communes intéressées.

2° Maintenir l'attribution des subventions en argent et en nature et des indemnités au profit des communes et des particuliers qui consentiraient à soumettre leurs terrains au régime forestier.

3° Donner la priorité aux travaux de gazonnement et les pratiquer partout où il sera possible.

4° Modifier la composition des Commissions chargées de déterminer les périmètres des terrains admis à être subventionnés ; laisser aux Conseils généraux le choix des membres de ces Commissions qui seront principalement composées d'agriculteurs.

Soumettre pour les terrains communaux, et après enquête préalable, la fixation des périmètres à l'approbation des Conseils généraux.

5° Elever le chiffre des subventions, les transformer en partie en diminutions sur l'ensemble des impôts au profit des propriétaires des terrains boisés.

6° Assurer le paiement direct des indemnités de pâturage aux usagers dépossédés, par leur versement à chacun d'eux suivant des états personnels dressés par l'Administration forestière et approuvés par les Conseils généraux.

II° PROPOSITION

Modification au Budget rectificatif.

Maintenir au Budget le crédit de 3,500,000 francs affectés pour 1871 aux travaux des routes forestières de boisement et de gazonnement.

III° PROPOSITION

Modification à l'organisation ministérielle

Transférer du Ministère des Finances au Ministère de l'Agriculture et du Commerce la Direction Générale des Forêts.

Attribuer, en conséquence, au Ministère de l'Agriculture les crédits affectés à celui des Finances pour la Direction Générale des Forêts.

Telles sont les réformes qu'une étude attentive de la législation, jointe à une égale sollicitude des intérêts généraux du pays et du respect de la propriété privée, ont déterminé la Commission des Travaux publics à soumettre à l'Assemblée nationale.

La première Proposition lui sera présentée par voie d'initiative parlementaire (1). Nous exprimons le vœu que, dans un temps

---

(1) Un Projet de Loi révisant la Loi du 28 juillet 1860 sera présenté à l'Assemblée par MM. le comte Jaubert et Tallon, au nom de leurs collègues de la Sous-Commission des Travaux d'améliorations agricoles.

prochain, elle soit transformée en une loi qui donnera une légitime satisfaction aux réclamations des populations intéressées.

Quant aux deux autres Propositions, nous en demandons, dès à présent, le renvoi aux Commisssions spéciales de l'organisation des Services publics et du Budget (renvoi ordonné).